Inhalt

Mobile Datenkommunikation - Die Funkfrequenzen für Wimax werden versteigert

Kernthesen

Beitrag

Fallbeispiele

Weiterführende Literatur

Impressum

Mobile Datenkommunikation - Die Funkfrequenzen für Wimax werden versteigert

M. Westphal

Kernthesen

- Wimax entwickelt sich weltweit zum Standard für drahtlose Datenübertragung.
- Die Wimax-Technik ist bereits verfügbar und teilweise auch schon im Einsatz.
- In Deutschland werden die Wimax-Lizenzen im Dezember 2006 versteigert.
- Das Vergabeverfahren wird kritisiert, da es insbesondere große Anbieter bevorzugt.

Beitrag

Die Frequenzen für drahtlose Breitbandverbindungen im Wimax-Standard (Worldwide Interoperability for Microwave Access) werden für Deutschland im Dezember versteigert. Mitte Oktober sind von der Bundesnetzagentur die Einzelheiten für das Auktionsverfahren bekanntgegeben worden.

Wimax ermöglicht das flächendeckende Angebot mit Breitbandzugängen

Deutschland ist zweigeteilt: In zehn Städten hat die Telekom gerade ihr DSL-Hochgeschwindigkeitsnetz VDSL gestartet, dagegen gibt es viele Menschen auf dem Lande, für die es bisher überhaupt keine Möglichkeit zu schnellem Internetsurfen gibt. (4) Schnelle Breitbandanschlüsse wie DSL sind derzeit sehr gefragt. Allerdings lohnt es sich für die Telekom in vielen Gegenden nicht, ihr Netz DSL-fähig auszubauen. Für diese Gegenden kann der Funkstandard Wimax einen günstigen Internetzugang liefern. (3)
Wimax kann dort eingesetzt werden, wo das Verlegen von Kabeln nicht wirtschaftlich ist. (6)

Die Wimax-Technologie ermöglicht vor allem Haushalten in ländlichen Gebieten, in denen breitbandiges DSL-Internet über das Telefonfestnetz nur lückenhaft möglich ist, eine flächendeckende Versorgung. Der Breitbandzugangsmarkt kann jetzt zusätzliche Angebote offerieren. (1)
Bisher gibt es in Deutschland nur wenige Wimax-Anbieter, die Frequenzen nutzen, die 1999 für ISDN-ähnliche Richtfunkdienste vergeben wurden. (3) Damit auch andere Anbieter an dem Wimax-Geschäft partizipieren können, versteigert die Bundesnetzagentur Ende des Jahres die Frequenzen. Der Aufbau des Netzes ist mit hohen Kosten verbunden, weshalb Beobachter davon ausgehen, dass große Unternehmen wie die Mobilnetzbetreiber, Kabel Deutschland oder die Verlagsgruppe Holtzbrinck gute Chancen auf Frequenzzuteilung haben werden. Allerdings wird diese Auktion nicht mehrere Milliarden Euro in die Staatskasse spülen wie seinerzeit die Versteigerung der UMTS-Lizenzen, sondern maximal einige hundert Millionen Euro. (3), (6)

Die Vergabe der Lizenzen für die Wimax-Frequenzen in Deutschland startet Ende dieses

Jahres

Ursprünglich sollten die Lizenzen in einem Vergabeverfahren an interessierte Unternehmen vergeben werden. Aber da sich Anfang des Jahres im Rahmen dieses Verfahrens mehr als hundert Unternehmen mit 1 221 Anträgen um die Frequenzen beworben haben, entschied sich die Bundesnetzagentur zum Versteigerungsverfahren. Allein neun Anträge zielten auf eine bundesweite Zuteilung der Frequenzen wobei es aber maximal für drei Betreiber genügend Kapazitäten gäbe. (1), (4), (10)
Interessierte Unternehmen für die Wimax-Lizenzen sind unter anderem die Deutsche Telekom, Kabel Deutschland, Alcatel, Lufthansa, Broadnet, Arcor und Netcologne. Aber auch viele kleinere Anbieter sind an Frequenzen interessiert, weshalb die Versteigerung der Lizenzen in 28 Regionen aufgeteilt wurde. Für jedes Gebiet sind bis zu vier Betreiber möglich. Diese 28 Regionen haben jeweils einen Durchmesser von etwa 100 Kilometern und decken das gesamte Bundesgebiet ab. (4), (5), (10)
An eine Lizenz ist die Pflicht zum Netzausbau gekoppelt, so müssen bis 2009 15 Prozent einer Region abgedeckt sein und bis zum Jahre 2011 dann 25 Prozent. (4), (5)
Das Mindestgebot für eine Region richtet sich nach Fläche und Bevölkerungsdichte und liegt zwischen

100 000 Euro und 1,8 Millionen Euro.
Alle interessierten Unternehmen müssen bis zum 8. November ihre Zulassungsanträge bei der Netzagentur gestellt haben.
Aber es gibt auch schon seitens des Bundesverbands Breitbandkommunikation (Breko) Kritik an den Auktionsbedingungen, da die Vergabegebiete "überdimensioniert" zugeschnitten sind und deshalb gerade die kleinen Anbieter überfordern könnte. So wird von Seiten Breko die Rücknahme ursprünglich angekündigter Bewerbungen gerade von kleinen Anbietern erwartet. Vorgeschlagen war von Breko eine Gebietsaufteilung, die sich an den Grenzen der Landkreise orientieren würde. (1), (4)
So wünscht Breko, dass die Vergabe der Lizenz gerade in diesen kleinen Parzellen danach erfolgt, welcher Anbieter das beste Konzept hat, um das Gebiet zu versorgen. Außerdem würde sich durch diese höhere Fragmentierung auch der Preis für eine Lizenz einer solchen Region senken. Auch die Forderung des Hinterlegens des doppelten des Mindestgebots stellt für viele kleinere Unternehmen eine unüberwindbare Hürde dar. (4), (5)

Wimax-Technologie ist bereits verfügbar

Die Technik für Wimax ist bereits verfügbar, es werden kleine Sende- und Empfangseinheiten so auf Dächern installiert, dass das gewünschte Gebiet flächendeckend versorgt werden kann. Am Computer genügt dann eine kleine Empfangs- und Sendeantenne oder auch nur eine entsprechende Notebook-Karte. (3)
Wimax sendet im Gegensatz zu WLAN in einem geschützten Frequenzbereich, der nicht gestört werden kann. Theoretisch sind mit Wimax Bandbreiten von 100 Megabit pro Sekunde über eine Entfernung von 50 Kilometern möglich, selbst wenn Häuser und Bäume im Weg stehen. Das sind allerdings Laborwerte.
Bei Sichtverbindung hat man aktuell noch bei zehn Kilometer Entfernung ausreichend Bandbreite, in der Stadt in den eigenen vier Wänden und in Häuserschluchten sollten die jeweiligen Sende- und Empfangsstationen maximal 500 Meter entfernt stehen.
Es sind dann Bandbreiten von einem bis sechs Megabit pro Sekunde für den Kunden möglich. (3) (6)
Weltweit beschäftigen sich über 350 Technologiefirmen mit der Wimax-Technik. (3)
Vor allem Intel forciert die Wimax-Technologie als Nachfolger der WLAN-Technik. So erlaubt Wimax die kabellose Verbindung über Entfernungen bis zu 50 Kilometern und das bei Übertragungsraten von bis zu 108 Megabit pro Sekunde. (2)

Von der Wimax-Einführung wird das Geschäftsmodell der UMTS-Anbieter bedroht, außerdem macht Wimax analoge Telefonanschlüsse überflüssig. (4)

Wimax macht nicht für jeden Nutzer Sinn

In dicht besiedelten Gebieten funktioniert Wimax nur, wenn genügend Frequenzen zur Verfügung stehen. Eine Basisstation mit einem 3,5 MHz-Band kann kein lebensfähiges Businessmodell ermöglichen. In solchen Gebieten machen erst sieben MHz-Bänder Sinn. Man könnte deshalb in diesen Gebieten die Frequenzen nur an einen Anbieter vergeben, dann hätte man aber wieder nur die großen Anbieter im Boot. Sollen auch die kleinen Anbieter eine Chance haben, müssen vernünftige Roaming-Verfahren eingeführt werden und Wimax böte dafür gute Voraussetzungen.
In Gebieten mit einer hohen Abdeckung an Kabel macht Wimax nur als Zusatzapplikation Sinn.
Für Applikationen wie Video-on-demand allerdings reichen die Wimax-Bandbreiten häufig nicht aus, die Kapazitäten würden da nur in sehr dünn besiedelten Gebieten ausreichen. (9)
Die Kunden, die zu Hause DSL nutzen, aber nur per

Handy telefonieren sind potenzielle Kunden der Wimax-Technik. Der Wimax-Zugang zum Telefonieren und Surfen könnte auch nomadisch z. B. im Cafe oder bei Freunden genutzt werden. Roamingverträge werden auch das Surfen in fremden Wimax-Netzen möglich machen. Damit werden auch die heutigen WLAN-Hotspots überflüssig werden. (3) Derzeit gibt einen stationären und einen mobilen Wimax Standards. Diese beiden Systeme sind nicht kompatibel zueinander, weshalb dann zwei Netze nebeneinander aufgebaut werden müssten. (9)

Es reicht nicht nur die Aufrüstung in mobile Datendienst-Infrastruktur - auch das Backbone muss entsprechend nachgerüstet werden

Neben den flotten drahtlosen Internetzugängen via WLAN oder Wimax gibt es ja aber auch immer noch das Rückgrat des globalen Datennetzes, welches festnetzgebunden ist und dessen Rechenzentren auch entsprechend ausgebaut werden müssen, damit die vielen schnellen drahtlosen Internetzugänge überhaupt Sinn machen. Dieser Ausbau wieder kurbelt auch das Prozessoren-Geschäft für Unternehmen wie Intel an, weshalb das Engagement von Intel in Wimax auch aus anderer Sicht wirtschaftlichen Sinn macht. (8)

Fallbeispiele

Anfang Oktober ist in Dresden von der Deutschen Breitbanddienste GmbH (DBD) aus Heidelberg der erste Teil des Internetfunknetzes Wimax in Betrieb genommen worden. Innerhalb 2007 soll dann nahezu das gesamte Stadtnetz abgedeckt werden. Bevorzugt bei diesem Start wurden Viertel in Dresden, die bisher keine schnellen Internetdienste per Telefonkabel erhalten, weil nach der Wende von der Telekom ungeeignete Glasfaserkabel verlegt wurden. Bis zum Jahresende soll für 80 000 Dresdner Haushalte Wimax verfügbar sein. Ab dem ersten Quartal 2007 soll auch Internet-Telefonie über das Wimax-Netz angeboten werden. Dabei soll es möglich sein, die alte Telefonnummer mitzunehmen. Das kommt dann einer Kampfansage an die Telekom gleich, die bisher noch ein Fast-Monopol auf die "letzte Meile" in der Telefonie inne hat. Auf diese letzte Meile ist Wimax aber nicht angewiesen.

Die von der DBD angebotenen Datenraten liegen zwischen ein und zwei Megabit pro Sekunde und werden zu Kampfpreisen von zehn und 20 Euro angeboten.

Die DBD erwartet daher, dass die Telekom mit einer Umrüstung ihrer Dresdner Glasfasernetze antworten wird, sodass damit auch DSL-Internetzugänge möglich werden.

Im kommenden Jahr möchte DBD zur Erweiterung seines Angebots auch mobile Wimax-Empfänger in Dresden testen, sodass diese schnelle Internetvariante auch auf Taschencomputern und Handys nutzbar ist. (2)

DBD sendet außerdem noch in Berlin und will bis Ende dieses Jahres die ganze Hauptstadt versorgen. Ebenso soll Leipzig bald mit Wimax erschlossen werden. (3)

Die Töginger Firma Televersa versorgt große Teile Ostbayerns mit Wimax. (3)

Den bayerischen Kunden von Televersa aber auch Arcor wird bereits ein Komplettpaket mit Internetzugang, Internet-Flatrate und Telefon-Flatrate ab 40 Euro angeboten. (3)

Bis Ende 2008 will der amerikanische Kommunikationskonzern Sprint drei Milliarden

Dollar in den Ausbau der Wimax-Infrastruktur investieren. 600 Millionen Dollar beträgt das Investment von Intel und Motorola (zusätzlich 300 Millionen Dollar) bei dem international tätigen Breitbandanbieter Clearwire, der dann zusammen mit Schuldverschreibungen über ein Kapital von 1,4 Milliarden Dollar verfügt. (3) (8)

WLAN und WiFi-Funktionalität hatte den Absatz der Intel-Chips beflügelt. Ähnliches soll jetzt Wimax leisten. Intel möchte schon Ende dieses Jahres die ersten Intel-Notebooks mit Wimax-Chips anbieten. (8)

Deutschlands größter Kabelfernsehanbieter, die Kabel Deutschland (KDG) will Lizenzen für den Betrieb eines Wimax-Breitbandnetzes erwerben. Der Umfang des geplanten Netzes steht allerdings noch nicht fest. So testet KDG im Großraum München aber schon den Funkinternetstandard Wi-Fi, der allerdings nur eine Reichweite von 100 Metern besitzt. Die KDG ist in 13 Bundesländern aktiv. Ziel der KDG ist es, der Telekom Kunden abzunehmen, deshalb bietet sie auch Kombiangebote aus Fernsehen, Internet und Telefonie über Kabel an, was in Zukunft dann auch zumindest teilweise drahtlos angeboten werden könnte. (7)

Schon einmal verfolgte Intel gemeinsam mit IBM und

AT&T in den USA Pläne für ein landesweites Funknetz namens Cometa. Allerdings wurden diese Pläne aufgrund des zu teuren Netzes eingestampft. Jetzt aber hat das drahtlose Internet gute Chancen (trotz des UMTS-Flops, dem es an Anwendungen fehlt) Realität zu werden, da es Skype, Fernsehen für unterwegs oder MP3-Player gibt, die genügend Anwendungsszenarien eröffnen, Videoclips oder Podcasts herunterzuladen. (8)

Weiterführende Literatur

(1) Versteigerung von Wimax-Lizenzen
aus Frankfurter Allgemeine Zeitung, 13.10.2006, Nr. 238, S. 12

(2) O.V., DBD investiert fast zehn Millionen Euro in Wimaxnetz, LVZ/Leipziger Volkszeitung, 06.10.2006, S. 13
aus Frankfurter Allgemeine Zeitung, 13.10.2006, Nr. 238, S. 12

(3) Bis in die hinterste Ecke
aus Süddeutsche Zeitung, 08.09.2006, Ausgabe Deutschland, Bayern, München, S. 18

(4) Streit über Wimax-Lizenzen Die Funktechnik könnte das schnelle Internet aufs Land bringen
aus Frankfurter Rundschau v. 25.08.2006, S.39, Ausgabe: R Region

(5) Streit um Funk-Internet
aus netzeitung.de vom 18.08.2006

(6) Wimax Streit um neues Funknetz
aus HANDELSBLATT online 16.08.2006 17:33:02

(7) KDG will eigenes Wimax-Netz aufbauen
aus Financial Times Deutschland vom 21.07.2006,
Seite 4

(8) Wimax-Netz schlägt Wellen
aus WW NR. 029 VOM 17.07.2006 SEITE 081

(9) INTERVIEW Deutschland verpasst bei Wimax den Anschluss der IT-Branche
aus IT Business, Heft 28/2006, S. 14

(10) Wimax-Versteigerung in Deutschland
aus tecChannel.de Online, Meldung vom 05.07.2006

Impressum

Mobile Datenkommunikation - Die Funkfrequenzen für Wimax werden versteigert

Bibliografische Information der deutschen Nationalbibliothek

Die Deutsche Nationalbibliothek verzeichnet diese Publikation in der deutschen Nationalbibliografie; detaillierte bibliografische Daten sind im Internet über http://dnb.d-nb.de abrufbar.

ISBN: 978-3-7379-0322-6

© 2015 GBI-Genios Deutsche Wirtschaftsdatenbank GmbH, Freischützstraße 96, 81927 München, www.genios.de

Alle Rechte vorbehalten. Dieses Werk ist einschließlich aller seiner Teile – z.B. Texte, Tabellen und Grafiken - urheberrechtlich geschützt. Jede Verwertung außerhalb der Grenzen des Urheberrechtsgesetzes bedarf der vorherigen Zustimmung des Verlags. Dies gilt insbesondere auch für auszugsweise Nachdrucke, fotomechanische

Vervielfältigungen (Fotokopie/Mikroskopie), Übersetzungen, Auswertungen durch Datenbanken oder ähnliche Einrichtungen und die Einspeicherung und Verarbeitung in elektronischen Systemen.